# BEI GRIN MACHT SICH IHR WISSEN BEZAHLT

- Wir veröffentlichen Ihre Hausarbeit,
  Bachelor- und Masterarbeit

- Ihr eigenes eBook und Buch -
  weltweit in allen wichtigen Shops

- Verdienen Sie an jedem Verkauf

## Jetzt bei www.GRIN.com hochladen und kostenlos publizieren

Rebecca Thon

# Macht und Kommunikation auf die öffentliche Verwaltung ausgerichtet

GRIN Verlag

**Bibliografische Information der Deutschen Nationalbibliothek:**

Die Deutsche Bibliothek verzeichnet diese Publikation in der Deutschen National-
bibliografie; detaillierte bibliografische Daten sind im Internet über http://dnb.d-
nb.de/ abrufbar.

**Impressum:**

Copyright © 2006 GRIN Verlag GmbH
Druck und Bindung: Books on Demand GmbH, Norderstedt Germany
ISBN: 978-3-640-33204-5

**Dieses Buch bei GRIN:**

http://www.grin.com/de/e-book/127200/macht-und-kommunikation-auf-die-oef-
fentliche-verwaltung-ausgerichtet

**GRIN - Your knowledge has value**

Der GRIN Verlag publiziert seit 1998 wissenschaftliche Arbeiten von Studenten, Hochschullehrern und anderen Akademikern als eBook und gedrucktes Buch. Die Verlagswebsite www.grin.com ist die ideale Plattform zur Veröffentlichung von Hausarbeiten, Abschlussarbeiten, wissenschaftlichen Aufsätzen, Dissertationen und Fachbüchern.

**Besuchen Sie uns im Internet:**

http://www.grin.com/

http://www.facebook.com/grincom

http://www.twitter.com/grin_com

# Vertiefungsrichtung Ordnungs- und Wirtschaftsverwaltung

Bereich Sozialwissenschaften

Referat

## *Thema:*
## *Macht und Kommunikation*

Rebecca Thon

# Inhaltsverzeichnis

# Quellenverzeichnis

- **Bay**, Rolf H., Erfolgreiche Gespräche durch aktives Zuhören,
  2000 Reninngen - Malmsheim

- **Bea, Dichtl, Schweitzer**, Allgemeine BWL, Band 2: Führung, 5. Auflage,
  Gustav Fischer Verlag, 1991 Stuttgart

- **Folke Schuppert**, Gunnar, Verwaltungswissenschaft, Nomos
  Verlagsgesellschaft, 2000 Baden-Baden

- **Jung**, Hans, Allgemeine BWL, Arbeits- u. Übungsbuch, 2. Auflage, Oldenbourg
  Wissenschaftsverlag GmbH, 2003 München

- **Miller**, Manfred, Skript Vorlesung Organisation und Führung

- **Pietzsch**, Thomas, Vorlesungsskript Gespräch und Moderation

- **Schmalen**, Helmut, Grundlagen und Probleme der Betriebswirtschaft,
  9. Auflage, Wirtschaftsverlag Bachem, 1993 Köln

- **Schmidt**, Hans - Jürgen, BWL für die Verwaltung, 3. Auflage, R. v. Deckers
  Verlag, 1995 Heidelberg

- **Schreyögg**, Georg, Organisation, Grundlagen moderner Organisationsgestaltung,
  4. Auflage, Betriebswirtschaftlicher Verlag Gabler, 2003 Wiesbaden

- **Stührenberg**, Lutz, Professionelle betriebliche.Kommunikation, Erfolgsfaktoren
  der Personalführung, 1. Auflage, Betriebswirtschaftlicher Verlag Gabler,
  2003 Wiesbaden

- **Thommen**, Jean - Paul, Allgemeine BWL, Betriebswirtschaftlicher Verlag
  Gabler, 1991 Wiesbaden

# Vorwort

Die Erarbeitung des Themenkomplexes Macht und Kommunikation führte zwei Überlegungsansätze mit sich. Einerseits die Betrachtungsweise zwischenmenschlicher Beziehungen innerhalb der Organisationseinheiten einer Behörde, d. h. das Miteinander der Kolleg(inn)en und Vorgesetzten (Personalführung) sowie andererseits die externe Ausrichtung der Verwaltung auf das Verhalten der Bürger.

Da durch das Fachhochschulstudium die Voraussetzung für den gehobenen Dienst gewährleistet wird und sich daher die Legitimation zur Mitarbeiterführung ergeben kann, stellte sich die Entscheidung in den Vordergrund, das folgende Referat auf die interne Ausrichtung der Verwaltung zu stützen.

Die nachfolgenden Ausführungen sollen dem Grundverständnis der Personalführung dienen, damit Macht und Kommunikation ihrer Bestimmung nach angewandt und nicht missbraucht werden können.

Sowohl Geführte als auch Führende stehen in einem besseren Verhältnis zueinander, wenn die Macht- und Kommunikationsinstrumente verstanden bzw. umgesetzt werden.

## I) Einleitung

Durch innerbetriebliche Handlungsweisen besteht die Möglichkeit, dass Verwaltungen erfolgreicher oder auch produktiver arbeiten.

Demnach sollten die Mitarbeiter(innen) gefordert, ermuntert und gefördert werden, es sollten ihnen im hohen Maße Handlungs- und Ermessensspielräume gewährt werden. Somit würden die Motivation der Mitarbeiter(innen) und das Vertrauen in diese deutlich höher geschätzt als kleinliche Kontrollen.

Der Führungsstil (Macht von Seiten des Vorgesetzten) sollte kooperativ und Mitarbeiter orientiert sein. Außerdem müsste zwischen den Organisationsmitgliedern Zielklarheit und Zielidentität bestehen.

Einen weiteren Faktor stellt die Kommunikation dar. Diese sollte untereinander ungezwungen und unabhängig von den Hierarchieebenen stattfinden, wobei das Zuhören dabei der halbe Erfolg wäre.

Jedoch können Kommunikation und Macht missbraucht werden, was zu innerbetrieblichen Spannungen führen, die sozialen Beziehungen schwächen oder gar zerstören kann und im Ergebnis das Verhältnis zwischen Bürger und Verwaltung erschwert.

## II) Begriffsbestimmungen

*Macht*

Nach Max Weber bedeutet Macht, innerhalb einer sozialen Beziehung den eigenen Willen auch gegen Widerstand anderer durchsetzen zu können.[1]

Macht stellt damit eine ungewollte soziale Einflussnahme dar, die eine Verhaltensänderung auch gegen den Willen des Beeinflussten erreichen soll.

Somit kann Macht eine Legitimationsgrundlage der Führung (Personalführung) sein.

---

[1] Vgl. Georg Schreyögg, Organisation, Grundlagen moderner Organisationsgestaltung, 4. Auflage, 2003 Wiesbaden, S. 33

4

Der Begriff der Kommunikation ist ein Sammelbegriff für alle Vorgänge, in denen eine bestimmte Information gesendet (signalisiert) und empfangen wird, auch wenn dies nicht wechselseitig geschieht. Die Begriffe Sender, Empfänger und Nachricht stammen ursprünglich aus der Informationstheorie. In der Kommunikation wird als Sender derjenige bezeichnet, der etwas mitteilt. Das was er oder sie von sich gibt, wird Nachricht genannt, wobei zwischen verbaler und nonverbaler Kommunikation unterschieden wird. Ein Sender muss, um sich mitteilen zu können, sein Anliegen in verbale und nonverbale Botschaften umsetzen. Die Aufgabe des Empfängers ist es, die Botschaften zu entschlüsseln. Stimmt die gesandte mit der empfangenen Nachricht überein, so ist es dem Sender und Empfänger gelungen, sich zu verständigen. Meldet der Empfänger dem Sender zurück, was er verstanden hat oder was die Botschaft bei ihm ausgelöst hat, so wird diese Rückmeldung als Feedback bezeichnet.[2]

## III) Anwendung und Ausprägung von Macht und Kommunikation in der Personalführung

Für die Personalführung relevant sind fünf Ausprägungen von Macht:[3]

1. Die Belohnungs- und Bestrafungsmacht beruht auf der Möglichkeit, Belohnungen oder Bestrafungen anzudrohen und auszuüben. Wird eine angekündigte Belohnung bzw. Bestrafung bei entsprechenden Leistungen nicht ausgeübt, so kann dies zu Machtverlust führen.
2. Die Legitimationsmacht basiert auf einer Weisungskompetenz innerhalb einer Hierarchie (formaler Vorgesetzter).
3. Die Expertenmacht basiert auf einem zeitlichen Informationsvorsprung (Sachverständiger).
4. Die Identifikationsmacht beruht auf der Vorbildfunktion des Führenden, dem es nachzueifern gilt.
5. Die Informationsmacht basiert auf der Möglichkeit, den Informationsfluss zu steuern, d. h. eventuell wichtige Informationen nicht an die Mitarbeiter weiterzugeben.

Hans-Jürgen Schmidt führt aus, dass "die gegenwärtigen registrierbaren Verhaltensweisen der administrativen Leistungseinheiten im ganzen wohl eher autoritäre Züge [aufweisen]."
Des Weiteren entgegnet er: "Gerade auf den mittleren und unteren Leistungsebenen behält sich der typische Vorgesetzte die Entschlussfassung vor und bringt seinen Entscheid über bestimmte Regelungsformen zur Ausführung. Er verzichtet auf Besprechungen und Beratungen mit seinen Mitarbeitern (innen) und versucht deren Handeln weithin selbst zu kontrollieren. Auf der Strecke bleiben dann nicht eben selten Möglichkeiten zur Aktivierung, Förderung und Entwicklung des Personals [...]."[4]

---

[2] siehe Lutz Stührenberg, Professionelle betriebliche.Kommunikation, Erfolgsfaktoren der Personalführung, 1. Auflage, 2003 Wiesbaden, S. 17
[3] Vgl. Manfred Miller, Skript Vorlesung Organisation und Führung
[4] siehe Hans - Jürgen Schmidt, BWL für die Verwaltung, 3. Auflage, 1995 Heidelberg, S. 163

Die Verwaltung muss sich wie auch private Unternehmen auf Marketingmaßnahmen berufen, um dass Kundeninteresse zu steigern und somit den öffentlichen Bereich für den Bürger attraktiver zu gestalten. Ein solches Konzept kann aber nur dann funktionieren, wenn im Bereich der Personalführung auf die Weiterentwicklung im Bereich der Kunden -, Wertschöpfungs-, Kompetenz- und Kulturorientierung geachtet wird. Wenn jedoch durch falsche oder schlechte umgesetzte Führungsstile oder -modelle die Förderung und Weiterbildung der Mitarbeiter nicht oder nicht ausreichend gegeben ist, kann die angestrebte bürgerbezogene Handlungsweise durch inkompetentes Fachpersonal nicht umgesetzt und die Verständigung zwischen Administration und Mensch niemals verbessert werden.

Um die angestrebten Ziele erreichen zu können, sind die Kommunikations-instrumente, wie passives und aktives Zuhören, das Feedback als auch die korrekte Gesprächsführung von Bedeutung.

*Passives und Aktives Zuhören*

Da das Zuhören den halben Erfolg verspricht, ist es ein beträchtlicher Erfolgsfaktor in Gesprächen.
Fast die Hälfte unserer Kommunikationszeit verbringen wir in der Rolle des Zuhörers. Und damit ist nicht der physikalische Vorgang des Empfangens von Schallwellen gemeint, sondern das verstehende Zuhören, das als Grundlage für die darauf folgende eigene Reaktion dient. Obwohl die wenigsten Menschen wissen, wie man "richtig" zuhört, halten die meisten sich für ganz gute Zuhörer. Allerdings handelt es sich wahrscheinlich bei dieser Art des Zuhörens um das so genannte Passive Zuhören, das nachfolgend näher beschrieben wird.[5]
Hierbei wird zwischen den Verhaltensweisen des Rückzugs und Abtastens unterschieden.
Der Rückzug zeigt sich darin, dass der Kontakt mit dem Gesprächspartner(innen) vermieden wird, d. h. man hat sozusagen äußerlich abgeschaltet und ist mit etwas anderem beschäftigt.
Typische Erkennungsmerkmale dafür sind: Vermeidung von Blickkontakt, häufige Klischeebejahung, wie z. B. ja, hm, ach, Kopfnicken usw. sowie wenige Gestiken.
Beim s. g. Abtasten wird nur selektiv zugehört, d. h., was den Zuhörer(innen) interessiert wird aufgegriffen, das Restliche übergangen.
Typische Erkennungsmerkmale dafür sind: häufige Ungeduldsreaktionen, dem Partner ins Wort fallen sowie der häufige Versuch zu thematischen Sprüngen im Gespräch.
Im Ergebnis fühlen sich viele Gesprächspartner(innen) verunsichert, abgewertet, teilweise sogar bedroht und reagieren dementsprechend vorsichtig oder gar aggressiv.[6]

Das Aktive Zuhören zeichnet sich in erster Linie durch die Grundeinstellung zum Gesprächspartner aus. Wer seinen Partner nicht als gleichwertig annimmt, dem wird es schwer fallen, zuzuhören.

---

[5] vgl. Rolf H. Bay, Erfolgreiche Gespräche durch aktives Zuhören, 2000 Reninngen-Malmsheim, S. 27
[6] ebenda

Eine partnerorientierte Gesprächsführung lässt sich dadurch erkennen, dass man auf Ratschläge, das Anbieten von Lösungen, direkte Fragen, Interpretationen usw. verzichtet. Effektiv ist Kommunikation immer dann, wenn sie zur Problemlösung führt. Problemlösend kann sie aber nur sein, wenn sie partnerorientiert verläuft. Der Gesprächspartner ist in der Lage, sein Problem allein zu beschreiben, denn er kennt es am besten. Im Regelfall hat er auch schon Vorstellungen über Lösungsansätze. Das heißt also, in der problemlösenden, partnerorientierten Kommunikation redet der Gesprächspartner am meisten und nicht der Zuhörer.[7]

Das bedeutet:
> 1) konzentriertes Zuhören
> 2) Absicht, das Problem zu verstehen
> 3) In die Lage des Partners versetzen (Empathie)
> 4) Ansprechen von Gefühlen

Als Folge des Aktiven Zuhörens kann verzeichnet werden, dass die Voreingenommenheit und Abwehrhaltung zurückgehen, der Gesprächspartner(innen) sich angenommen und akzeptiert fühlt und sich öffnet.

*Feedback*

1. Sinn und Zweck von Feedback

Feedback stellt die Rückmeldung auf das Verhalten anderer dar. Außerdem dient es dazu, sich selbst und andere Menschen realistischer wahrzunehmen Weiterhin kann es helfen, die gegenseitige Einstellung zueinander zu klären und das gegenseitige Verständnis sowie die Gruppenzusammengehörigkeit zu verbessern. Weitere Vorteile sind die Förderung von persönlichen Lernprozessen, eine verbesserte Motivation und ein besseres Arbeitsklima. Feedback lässt sich im Kollegenkreis, gegenüber Vorgesetzten oder in der Vorgesetztenrolle (insbesondere nach Bürgergesprächen, Vorstellungsgesprächen, Seminaren etc.) anwenden.

2. Die Feedback - Regeln: [8]

Wenn Feedback gegeben wird
· erfolgt das Sprechen in der Ich - Form
· nimmt man den Gesprächspartner als gleichwertigen Partner ernst und geht mit ihm so ehrlich und offen wie nötig, aber auch so achtsam wie möglich um
· gibt man der anderen Person Informationen über ihr Verhalten
· vermeidet man generell zu kritisieren, zu ver-/beurteilen sowie zu interpretieren

Wenn Feedback erhalten wird
· hört man ruhig zu
· findet keine Rechtfertigung oder Diskussion statt
· fragt man nach, wenn etwas unklar ist
· lässt man das Gehörte in Ruhe wirken
· sollte überdacht werden, wie damit umgegangen werden soll

---

[7] vgl. Rolf H. Bay, Erfolgreiche Gespräche durch aktives Zuhören, 2000 Reninngen-Malmsheim, S. 27
[8] siehe Thomas Pietzsch, Vorlesungsskript Gespräch und Moderation

Gespräche zu führen ist ein menschliches Gründbedürfnis. Sie sind zugleich aber auch Folge und Notwendigkeit des menschlichen Zusammenlebens, insbesondere am Arbeitsplatz.

Die Gestaltung zielgerichteter Abläufe, die Klärung von Sachfragen und der Austausch von Informationen funktionieren lediglich mittels Kommunikation. Zu den gebräuchlichsten Gesprächstypen gehören die Teambesprechungen sowie die Mitarbeiter-, Bewerbungs- und Beratungsgespräche (Bürger-Verwaltungs-Kommunikation).

Was die Erscheinungsformen der Verwaltungskommunikation angeht, so schlägt Czerwick vor, zwei große Bereiche zu unterscheiden, was durch folgende Grafik aufgezeigt wird: [9]

### Komponenten der Verwaltungskommunikation und ihre Funktionen und Adressaten

| Komponenten der Verwaltungskommunikation | Zentrale Funktionen und Ziele | Hauptadressaten |
|---|---|---|
| Inneradministrative Kommunikation | Optimaler Aufgabenvollzug; Vermeidung inneradministrativer Konflikte | Verwaltungspersonal |
| Führungs- und Abstimmungskommunikation | Kooperation, Koordination, Delegation, Steuerung | Verwaltungspersonal |
| Auswertung von Umweltinformationen | Informationsnutzung | Verwaltungspersonal |
| »Personalpflege« | Soziale Integration und Motivation | Verwaltungspersonal |
| »Externe« Verwaltungskommunikation | Meinungslenkung und Information | Öffentlichkeit |
| Medienarbeit | Resonanzerzeugung und -verstärkung | Journalisten; Amtliche Pressestellen |
| Öffentlichkeitsarbeit | Selbstdarstellung und Werbung; Akzeptanzmanagement | Öffentlichkeit |
| Informationsarbeit | Unterrichtung | Öffentlichkeit |
| Auskünfte | Vermittlung konkret nachgefragter Informationen | Auskunftsuchende |
| Aufklärung | Einleitung von Verhaltensänderungen | Teil-Öffentlichkeiten (z.B. Raucher) |
| Warnungen | Abwehr unmittelbar drohender Gefahren (z.B. Medikamentenbenutzer) | Teil-Öffentlichkeiten |
| Beratung | Betreuung und Hilfen | Antragsteller |

*Konflikte im Gespräch*

In allen Gesprächen können jeder Zeit Konflikte entstehen, die durch das Verhalten der teilnehmenden Partner(innen) hervorgerufen werden.

---

[9] vgl. Gunnar Folke Schuppert, Verwaltungswissenschaft, 2000 Baden-Baden, S. 726

Derartige Zwiespalte lassen sich durchaus vermeiden, wenn alle: [10]
- ihre Gesprächspartner(innen) ernst nehmen
- aufeinander Bezug nehmen
- gegenüber sich selbst und anderen sensibel sind
- mögliche Missverständnisse durch klares, hörverständliches Sprechen und gerichtetes Zuhören vermeiden
- so lange miteinander ein Thema klären, bis alle einen gemeinsamen Kenntnisstand haben
- zu frühes Streiten verhindern
- offen für alle Ergebnisse sind.

## IV) Die Führungsstile

### 1. Einführung mit Begriffserklärung

Ein Verwaltungshandeln ohne Personalführung ist nicht vorstellbar. Um bestimmte Ziele erreichen zu können, muss auf das Verhalten anderer (Mitarbeiter(innen)) eingewirkt werden.
Daher versteht Jean-Paul Thommen unter dem Begriff Führungsstil "das Resultat der Ausgestaltung der Führungsfunktionen Planung, Entscheidung, Aufgabenübertragung und Kontrolle."[11]
Der Führungsstil ergibt sich zum einen aus der Gestaltung der Führungsprozesse und -instrumente sowie aus der Bestimmung der an der Führung Beteiligten, zum anderen aus der Integration der persönlichen Bedürfnisse der Mitarbeiter im Führungsprozess, der Gestaltung des Vorgesetzten-Mitarbeiter-Verhältnisses und der Berücksichtigung sozialer und kultureller Richtlinien.[12]

Das breite Spektrum an Führungsstilvarianten zeigt nachfolgende Abbildung:[13]

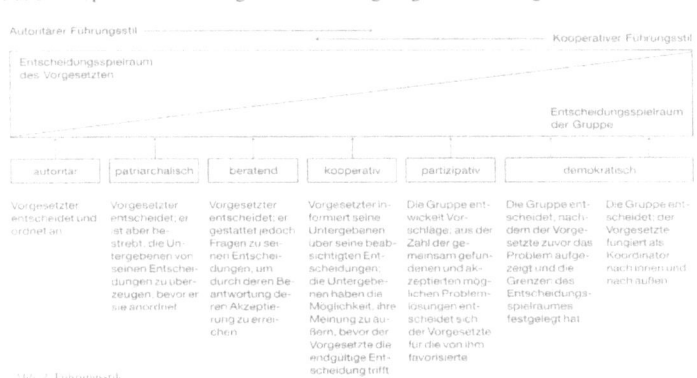

---

[10] vgl. Thomas Pietzsch, Vorlesungsskript Gespräch und Moderation
[11] J.-P. Thommen, Allg. BWL, 1991 Wiesbaden, S.761
[12] vgl. Bea, Dichtl, Schweitzer, Allg. BWL, Bd. 2: Führung, 5. Auflage, 1991 Stuttgart, S.8
[13] ebenda

## 2. Autoritärer Führungsstil

Diese Stilvariante wird vom so genannten Subordinationsprinzip gekennzeichnet, das bedeutet, es besteht ein strenges Über- und Unterordnungsverhältnis zwischen dem Vorgesetzten und der Untergebenen.
Historisch gesehen, lässt sich der autoritäre Stil in das Zeitalter des Taylorismus (nach dem amerik. Ingenieur F. W. Taylor, 1856-1915) einordnen.[14]
Frederick Winslow Taylor belebte das "Scientific Management", welches sein Anliegen, die Effizienzsteigerung am Arbeitsplatz, beinhaltete.[15]
Typisch für den autoritären Führungsstil ist die zentrale Entscheidungsfindung, d.h. der Vorgesetzte trifft ohne Rück- oder Aussprache mit seinen Mitarbeitern(innen) Entscheidungen grundsätzlich selbst. Sogar im Extremfall bleiben den Untergebenen wichtige Informationen, die zum Aufgabenverständnis notwendig wären, vorenthalten. Die Mitarbeiter(innen) werden hierbei als reine Ausführungsorgane oder Produktionsfaktoren angesehen, welche die detaillierten Anweisungen von "oben" widerspruchslos und pflichtbewusst zu akzeptieren haben.[16] Daher ist dieser Führungsstil eher Aufgabenorientiert.

## 3. Kooperativer Führungsstil

Der kooperative Führungsstil steht dem rein vorgesetzten orientierten Stil gegenüber. Dieser kann dadurch charakterisiert werden, dass die Initiative und Selbständigkeit der Mitarbeiter durch die Übertragung von Verantwortung und Entscheidungskompetenz gefördert wird. Das hat zur Folge, dass die Untergebenen durch das Mitwirken (Partizipation) am Führungsprozess motiviert werden.

Aus dieser Charakterisierung lässt sich das so genannte Partnerschaftsprinzip ableiten, denn der Führungsstil wird von einer gleichberechtigten Zusammenarbeit zwischen dem Vorgesetzten und seinen Mitarbeitern(innen) getragen.[17] Hierbei steht, im Gegensatz zum autoritären Führungssystem, die demokratische Führung im Vordergrund. Der Vorgesetzte informiert, delegiert und koordiniert zwar, er fast seine endgültigen Beschlüsse aber unter bemerkbarer Beteiligung der nachgeordneten Mitarbeiter(innen).
Damit verbessert sich die Entscheidungsqualität maßgeblich. Nicht zuletzt, weil beim kooperativen Führungsstil ein verringertes hierarchisches Gefälle vorliegt, somit die Motivation steigt und die Mitarbeiter ihren Aufgaben gesteigertes Interesse entgegen bringen.[18]

---

[14] vgl. Hans-Jürgen Schmidt, BWL für die Verwaltung, 3. Auflage, 1995 Heidelberg, S. 153
[15] siehe Helmut Schmalen, Grundlagen und Probleme der BW, 9. Auflage, 1993 Köln, S.265
[16] vgl. Hans-Jürgen Schmidt, BWL für die Verwaltung, 3. Auflage, 1995 Heidelberg, S. 153
[17] ebenda
[18] ebenda

## 4. Unterscheidung des autoritären und kooperativen Führungsstils[19]

■ Unterscheidung zwischen dem autoritären und kooperativen Führungsstil [41]

| Kriterien | Autoritärer Führungsstil | Kooperativer Führungsstil |
|---|---|---|
| Die Mitarbeiter werden betrachtet als... | Maschinen | Mitarbeiter |
| Autorität und Macht des Vorgesetzten werden hergeleitet von... | der Hierarchie | dem persönlichen Können und der Aufgabe |
| Entscheidungen werden getroffen durch... | Befehle | Anhören und Überzeugen der Mitarbeiter |
| Die Information geht aus von... | der Spitze | oben, unten, Quer- und Schräginformationen |
| Aufsicht und Kontrolle werden vorgenommen durch... | Totalkontrolle | den Vorgesetzten |
| Schwerpunkt der Motivation ist... | Angst | Bürger im Betrieb zu sein |

## 5. Aufgaben- und Personenorientierte Führungsstile

Beim aufgabenorientierten Führungsstil stellt die Tätigkeit eines Mitarbeiters den Mittelpunkt dar. Die Ausrichtung der Betriebsamkeit der Mitarbeiter auf die jeweils gestellte Aufgabe ist das Ziel dieser Führung.
Dabei ist der Untergebene lediglich Produktionsfaktor, also "Mittel zum Zweck", der möglichst effizient eingesetzt werden soll.[20]

Helmut Schmalen bezieht sich auf eine Unterscheidungsvariante von Max Weber:[21]

- Der bürokratische Führungsstil, der sich an festgelegten Vorschriften, die das Verhältnis zu den Mitarbeitern regelt, orientiert.
- Der patriarchalische Führungsstil, der sich an einer überlieferten Ordnung, die das Verhältnis zu den Untertanen bestimmt, orientiert.
- Der charismatische Führungsstil geht von einer als "Führer" akzeptierten Persönlichkeit aus, die von ihren "Jüngern" umgeben ist.

---

[19] Siehe Hans Jung, Allg. BWL, Arbeits- u. Übungsbuch, 2. Auflage, 2003 München, S. 118
[20] ebenda
[21] siehe Helmut Schmalen, Grundlagen und Probleme der BW, 9. Auflage, 1993 Köln, S.265

Hans Jung führt aus, dass im Gegensatz zum aufgabenorientierten Führungsstil der personenbezogene Stil "[…] auch die Vorstellungen und Wünsche der einzelnen Mitarbeiter(innen)sowie deren soziale Rolle zu berücksichtigen [versucht] ".

Weiterhin erklärt Jung, dass "personenorientiertes Führungsverhalten von der Tatsache geprägt [wird], dass die Tätigkeiten von den Menschen verrichtet werden" und "[nicht] die Aufgabe, sondern der Mitarbeiter im Vordergrund steht."[22]

Nun wäre doch ein strikt personenorientierter Führungsstil ebenso unvertretbar wie ein streng aufgabenbezogener. Denn im ersten Fall würde das betriebliche Handeln allein am Wunsch der Mitarbeiter(innen) nach Zufriedenheit ausgerichtet sein und im zweiten Fall blieben die Probleme der Mitarbeiter(innen) eher unbeachtet. Nach Jung sind "die erfolgreichen modernen Führungsstile meist Mischungen aus personen- und aufgabenorientierten Ausrichtungen."[23]

*6. Das Verhaltensgitter (mehrdimensionales Führungsstilkonzept) von Blake und Mouton*

Blake und Mouton gehen in ihrem Verhaltensgitter von einem zweidimensionalen Verhaltensansatz aus, mit den Grunddimensionen

→ Mitarbeiterorientierung und
→ Sachorientierung,

welche als absolut unabhängig von einander gesehen werden.

Die beiden Dimensionen können graphisch mit dem Verhaltensgitter (Managerial Grid) dargestellt werden:[24]

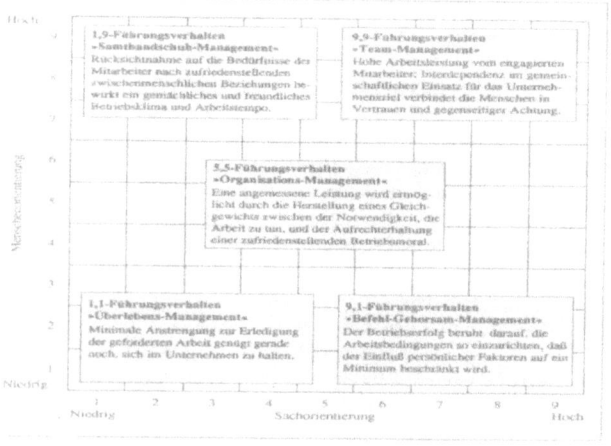

*Abbildung 271    Das Verhaltensgitter von Blake/Mouton (1986, S. 28)*

---

[22] vgl. Hans Jung, Allg. BWL, Arbeits- u. Übungsbuch, 2. Auflage, 2003 München, S. 117
[23] ebenda
[24] J.-P. Thommen, Allg. BWL, 1991 Wiesbaden, S.765

Zur Beschreibung dieser beiden Dimensionen verwenden Blake/Mouton eine neunstufige Skala. Die graphische Darstellung erfolgt in einem Gitter. In den neunteiligen Skalen bedeutet 1 die niedrigste, eine 5 eine mittlere und eine 9 die höchste Orientierung. Dabei ist der Begriff Orientierung keine exakte Messgröße. Die Orientierung des Vorgesetzten hängt von seiner Grundeinstellung ab. Mit dem Verhaltensgitter lässt sich nach Blake/Mouton Grundeinstellungen und daraus resultierendes Führungsverhalten ablesen bzw. deuten.

Von den theoretisch möglichen 81 Kombinationen gehen Blake und Mouton nur auf 5 Stile, als Grundtheorien bezeichnet, näher ein:[25]

• 9,1 - Orientierung: Dieser Stil (Befehl-Gehorsam-Management) umfasst ein Höchstmaß an Sachorientierung gekoppelt mit einem niedrigen Messwert an Menschenorientierung. Eine Führungskraft, die sich auf diese Kombination bezieht, schafft sich einen maximalen "Output". Das bedeutet, dieser "Führer" gewinnt die Kontrolle der Mitarbeiter(innen), durch das schaffen von Macht und Autorität. Die Mitarbeiter werden wie Maschinen behandelt, individuelle und soziale Bedürfnisse werden weit unten gehalten.

• 1,9 - Orientierung: Hier liegt die Kombination einer niedrigen Sach- mit einer hohen Menschenorientierung vor. Bei der Verwendung dieses Führungsstils (Samthandschuh-Management) ist man auf die Schaffung eines Arbeitsplatzes bezogen, an dem der Mitarbeiter seine persönlichen und sozialen Bedürfnisse umsetzen kann, das schafft eine gemütliche und freundliche Atmosphäre.

• 1,1 - Orientierung: Sie (Überlebens-Management) verdeutlicht eine geringe Sach- und Menschenbezogenheit, was nur gegen die Persönlichkeit der Führungskraft sprechen kann. Denn diese erkennt nur wenige oder gar keine Widersprüche zwischen den Produktionserfordernissen und den Bedürfnissen der Mitarbeiter(innen), weil kaum Interesse an beiden besteht.

• 5,5 - Orientierung: Hier wird eine mittlere Sachorientierung mit einer mittleren Menschenbezogenheit (Organisations-Management) verbunden. Bei der Anwendung dieser Variante zeigt sich die Führungskraft kompromissbereit. Somit wird die Waage zwischen den Leistungsanforderungen und den Bedürfnissen der Mitarbeiter(innen) gewahrt.

• 9,9 - Orientierung: Dieser Stil (Team-Management) ist gewillt, eine hohe Sach- mit einer hohen Menschenbezogenheit zu kombinieren. Nach Blake und Mouton ist allein dieser Führungsstil erstrebenswert (Teamführungsstil). Die Führungskraft strebt in beide Richtungen ein Höchstmaß an, indem sie durch Mitwirkung, Mitverantwortung und gemeinsamen Konfliktlösungen versucht, qualitativ und quantitativ hochwertige Ergebnisse zu erzielen.[26]

---

[25] J.-P. Thommen, Allg. BWL, 1991 Wiesbaden, S.765
[26] ebenda

# V) Modelle der Führung

## 1. Einführung und Definition

Führungsmodelle, auch Konzepte oder Prinzipien der Führung genannt, sind geschlossene Aussagesysteme, diese enthalten theoretische und instrumentale Aussagen über die Struktur und die Funktion zielorientierter Gestaltungsprozesse. Sie beeinflussen den Führungsstil, durch das grundsätzliche Verhalten der Führungspersonen wesentlich und sind konkrete Gestaltungsregeln für die Führungspraxis.[27]
Die Vielfalt der "Management-by-Techniken" ist recht groß, bedingt dadurch, dass sich jedes Führungsmodell nur mit einzelnen Aspekten der Führung beschäftigt, jedoch wird durch zahlreiche Modell-Varianten ein breites Publikum von Führungskräften, das sich täglich mit Führungsaufgaben auseinandersetzt, angesprochen.
Im Folgenden möchten wir einen kleinen Eindruck von dieser Vielfalt der "Management-by-Versionen", durch die Darstellung jeweils zweier Formen, vermitteln, dabei wird nach Partial- und Totalmodellen unterschieden.

## 2. Partialmodelle
### a) Management by Exception

Der Grundgedanke von Management by Exception lautet Führung durch Abweichkontrolle und Eingriff im Ausnahmefall (Ausnahme = exception).[28]
Dieses personalorientierte Modell wird durch ein genau festgelegtes Maß an Delegation gekennzeichnet. Aufgaben werden verstärkt an den unteren und mittleren Hierarchiebereich übertragen, welcher dann in einen genau umrissenen Ermessensspielraum selbständig entscheiden kann. Innerhalb dieses Toleranzbereiches hat der Vorgesetzte keine Entscheidungskompetenz, andererseits hat sich der Mitarbeiter(innen) genau an die im Ermessensspielraum festgelegten Verhaltensnormen zu halten.[29]
Der Vorgesetzte greift nur in solchen Situationen ein, die außerhalb der vorgeschriebenen Toleranzgrenzen liegen (Ausnahmesituation).
Jedoch obliegt das Funktionieren des Prinzips Management-by-Exception diversen Voraussetzungen:
  - eine klare Festlegung kennzeichnender Aufgabenbereiche,
  - die Bereitschaft zur Übernahme von Verantwortung durch die
    Mitarbeiter,
  - der Aufbau eines Planungs- und Kontrollsystems,
  - die Delegation der Aufgaben an die Mitarbeiter,
  - die Schaffung eines geeigneten Informationssystems,
  - die Normal- und Ausnahmefälle müssen genau definiert werden.[30]
Was aus diesem Konzept an Vorteil für die Führungsinstanz hervorgeht, kann sich jedoch bei den Mitarbeitern in eine gewisse Benachteiligung umschlagen.
Das bedeutet, wenn ein Angestellter nur die Bewältigung von "Normalfällen" in der Behörde die dementsprechende Entscheidungskompetenz und Eigenverantwortung erhält und prinzipiell der Vorgesetzte für die Einschätzung von Ausnahmefällen die Ziele und Richtlinien festlegt, kann ein Angestellte(r) an

---

[27] siehe Bea, Dichtl, Schweitzer, Allg. BWL, Bd. 2: Führung, 5. Auflage, 1991 Stuttgart, S.8
[28] vgl. Hans-Jürgen Schmidt, BWL für die Verwaltung, 3. Auflage, 1995 Heidelberg, S. 159
[29] Siehe Hans Jung, Allg. BWL, Arbeits- u. Übungsbuch, 2. Auflage, 2003 München, S. 122
[30] ebenda

Motivation einbüßen, da ihm scheinbar die Bewältigung einer Ausnahmesituation nicht zugetraut wird.

Außerdem lässt die alleinige Richtlinien- und Zielvorgabe durch den Vorgesetzten die Kreativität und Initiative bei den Mitarbeitern(innen) verkümmern.[31]

## b) Management by Delegation (MbD)

Das MbD definiert Schmidt so: "Delegation bedeutet die Verlagerung von Aufgaben, Kompetenzen und Verantwortlichkeiten von der obersten Leitungseinheit in den nachgeordneten Hierarchiebereich [der Verwaltung] hinein. Daran orientiert, lässt sich Management by Delegation kurz als Führung durch Aufgabendelegation definieren."[32]

Die Voraussetzungen für dieses Konzept sind nach Häusler klar definiert:[33]

- Vorhandensein von Stellenbeschreibungen
- Bestimmung der Ausnahmefälle (delegierbare/ nicht delegierbare Aufgaben)
- Transparenz des Zielsystems; ausreichende Information der Mitarbeiter(innen)
- Vorhandensein eines Berichts- und Kontrollsystems
- Tendenzieller Abbau einer ausgeprägten Hierarchie und des autoritären Führungsstils, Hinwendung zur partizipativen Führung

Jeder betroffene Mitarbeiter erhält eindeutig abgegrenzte Aufgaben übertragen, mit allen notwendigen Handlungsbefugnissen, insbesondere den benötigten Entschlussrechten einschließlich der daraus resultierenden Verantwortung. Die Entscheidungen werden aber weiterhin in der Führungsebene getroffen, weil dort die nötige Erfahrung und der Sach- und Fachverstand zu Grunde liegen.[34]
Die Teilnahme am dauerhaft delegierbaren Entscheidungsgeschehen kann fördernd auf die Eigeninitiative, Verantwortungsbereitschaft und Leistungsmotivation in der Mitarbeiterschaft wirken. Eine deutliche Entlastung der Führungsspitze wird definitiv erzielt und damit können Problemlösungen freigesetzt werden.[35]
Nachteile einer Führung durch Aufgabendelegation können dadurch entstehen, dass die partizipative Führung weitestgehend nicht erreicht wird und somit die Tendenz zur "einsamen" Einzelentscheidung gegeben ist. Außerdem besteht die Gefahr, dass nur uninteressante oder Routineaufgaben von Vorgesetzten delegiert werden, womit fraglich wäre, ob sich Mitarbeiter durch Verantwortungs-übertragung ohne jegliche Kompetenz noch motivieren lassen.[36]

## 3. Totalmodelle
## a) Management by Objectives (MbO)

Der zentrale Grundgedanke besteht darin, dass man in besonderem Maße mit Zielbestimmungen hantiert, welche jeweils zwischen Vorgesetzten und

---

[31] vgl. Bea, Dichtl, Schweitzer, Allg. BWL, Bd. 2: Führung, 5. Auflage, 1991 Stuttgart, S.10
[32] vgl. Hans-Jürgen Schmidt, BWL für die Verwaltung, 3. Auflage, 1995 Heidelberg, S. 158
[33] J.-P. Thommen, Allg. BWL, 1991 Wiesbaden, S.730
[34] siehe Hans-Jürgen Schmidt, BWL für die Verwaltung, 3. Auflage, 1995 Heidelberg, S. 159
[35] ebenda
[36] J.-P. Thommen, Allg. BWL, 1991 Wiesbaden, S.729

Mitarbeitern(innen) in einem partnerschaftlichen Zielvereinbarungsgespräch erarbeitet werden. Dem entsprechend ergibt sich hieraus die Leitidee des Management by Objectives: Führung durch Zielvereinbarung.[37]

Das wichtigste Ziel des MbO ist die Abstimmung der sachlichen Ziele der Verwaltung mit den persönlichen Zielen der Mitarbeiter und damit die Förderung sowohl der Arbeitsleistung als auch der Arbeitszufriedenheit.

Es wird also ein gemeinsames Zielkonzept erarbeitet und formuliert. Dieses Konzept beinhaltet Teilziele, die bis zu den untersten Ebenen des Unternehmens reichen.

Die Unterziele müssen dabei so verknüpft werden, dass sie gleichzeitig auch einen Beitrag zum Oberziel leisten.

Beim MbO ist es wesentlich zu bemerken, dass die Ziele klar und vollständig formuliert sein müssen, das bezieht sich auf den Zielinhalt, das Zielausmaß und auf Termine.[38] Außerdem muss die Festlegung von Verantwortungsbereichen und Grenzen, die nicht überschritten werden dürfen (z.B. Kostenlimits etc.) den Mitarbeitern bei der Zielvorgabe mitgeteilt werden.[39]

Die Führung durch Zielvorgaben oder Zielvereinbarungen erfordert ein erheblich höheres Maß an selbständigem Handeln der Mitarbeiter(innen). Den Weg zur Zielereichung kann jeder Mitarbeiter frei wählen.

In erheblich großem Umfang als beim Management by Exception kann hier der Mitarbeiter seine eigene Tüchtigkeit und Verantwortung einbringen. Dadurch steigt allerdings die Gefahr, dass unkoordinierte Entscheidungen gefällt werden.

→ Management by Objectives, Management by Delegation und Management by Exception sind durchaus miteinander vereinbar.

Das MbO enthält als Grundelemente neben der Zielvereinbarung die Festlegung von Delegationsbereichen und die Bestimmung eines Kontrollsystems.

MbE und MbD lassen sich deswegen durchaus als Teil eines Management by Objectives interpretieren.[40]

*b) Das Harzburger Führungsmodell*

Das Harzburger Führungsmodell entwickelte Reinhard Höhn, Gründer und Leiter der Führungsakademie in Bad Harzburg. Das Konzept kann auch als Führung im Mitarbeiterverhältnis tituliert werden.[41]

Nach Jung soll bei diesem Modell, "welches eine Vertiefung des Management by Delegation darstellt, das Mitdenken und das Mithandeln der Angestellten durch die Gewährung von Kompetenz gefördert werden."[42]

Außerdem führt Jung aus: "Der Vorgesetzte ist nicht uneingeschränkt für alle Fehler oder Unterlassungen seiner Mitarbeiter verantwortlich. Mit der Übertragung bestimmter Handlungs- und Entscheidungsbefugnisse wird auf den Mitarbeiter auch die komplette Handlungsverantwortung delegiert.

Beim Vorgesetzten bleibt jedoch die Führungsverantwortung. Das bedeutet, der Vorgesetzte kann für die Fehlleistungen seiner Mitarbeiter(innen) nur dann

---

[37] vgl. Hans-Jürgen Schmidt, Betriebswirtschaftlehre für die Verwaltung, 3. Auflage, 1995 Heidelberg, S. 160
[38] Siehe Hans Jung, Allg. BWL, Arbeits- u. Übungsbuch, 2. Auflage, 2003 München, S. 122
[39] ebenda
[40] Siehe Hans Jung, Allg. BWL, Arbeits- u. Übungsbuch, 2. Auflage, 2003 München, S. 123
[41] J.-P. Thommen, Allg. BWL, 1991 Wiesbaden, S.730
[42] vgl. Hans Jung, Allg. BWL, Arbeits- u. Übungsbuch, 2. Auflage, 2003 München, S. 120

verantwortlich gemacht werden, wenn er bestimmten Führungspflichten den Mitarbeiter(innen) gegenüber nicht oder nur teilweise nachgekommen ist.[43]

Durch die Trennung ergeben sich klare Vorteile, beispielsweise in Form von deutlich festgelegten Informationsbeziehungen zwischen Vorgesetzten und Mitarbeitern(innen) sowie die Möglichkeit zur erhöhten Selbständigkeit und stärkerer Persönlichkeitsentfaltung der Angestellten durch die Übertragung eines eigenen Handlungs-, Entscheidungs- und Verantwortungsbereiches.

Die Hauptziele dieses Modells sind die Ersetzung des autoritären Führungsstils, die Entlastung des Vorgesetzten und die Förderung der Eigeninitiative, Leistungsmotivation und Verantwortungsbereitschaft der Mitarbeiter.[44]

Um diese Ziele umsetzten zu können, empfiehlt H. Schmalen folgende Vorgehensweise bzw. Instrumente: [45]

- Delegation der Verantwortung
  Entscheidungen sind auf den betrieblichen Ebenen zu fällen, zu denen das Problem "seiner Natur nach" gehört. Die vorgesetzte Ebene darf in den Aufgabenbereich ihrer Untergebenen prinzipiell nicht eingreifen. Der Mitarbeiter trägt die Handlungs-, der Vorgesetzte die Führungsverantwortung. Dies soll eine schnelle Anpassung an neue Entwicklungen und damit die Effizienzsteigerung der Organisation bewirken.

- Allgemeine Führungsanweisungen
  Sie regeln das Zusammenwirken von Vorgesetzten und Untergebenen, soweit es sich um diejenigen Pflichten und Rechte der Mitarbeiter(innen) handelt, die auf allen betrieblichen Ebenen Gültigkeit besitzen (Führungsprinzipien für alle).

- Spezielle Führungsanweisungen
  Sie ergänzen die allgemeinen Führungsanweisungen im Hinblick auf bestimmte Stellen. Allerdings sollen sie nicht so weit gehen, dass der Untergebene vom Vorgesetzten durch Einzelaufträge geführt wird. Die speziellen Führungs-anweisungen sollen vielmehr dem Mitarbeiter im Rahmen eines festen Aufgabenbereichs mit bestimmten Kompetenzen Richtlinien setzen, die ihm ein eigenverantwortliches Denken und Handeln erleichtern.

- Stellenbeschreibung
  Aufgabenbereich und Kompetenzen werden schriftlich fixiert. Die Stellenbeschreibung soll unabhängig von der Person des jeweiligen Stellen-inhabers sein und eine klare Kompetenzabgrenzung beinhalten

- Mitarbeiter- und Dienstbesprechung
  Gegenstand einer Mitarbeiterbesprechung sind Ausnahmefälle, zu denen die Mitarbeiter Vorschläge unterbreiten, der Vorgesetzte aber das letzte Wort hat. In der Dienstbesprechung macht der Vorgesetzte hingegen von vornherein von seiner "Befehlsautorität" Gebrauch: Er erteilt Anweisungen, informiert und verteilt Lob und Tadel. Im Gegensatz zur Besprechung findet das Mitarbeiter-bzw. Dienstgespräch "unter vier Augen" statt.

- Zielsetzung
  Den Stellen werden bestimmte Sollvorgaben gesetzt, an deren quantitativer und

---

[43] Hans Jung, Allg. BWL, Arbeits- u. Übungsbuch, 2. Auflage, 2003 München, S. 120
[44] Helmut Schmalen, Grundlagen und Probleme der BW, 9. Auflage, 1993 Köln, S. 268
[45] ebenda

zeitlicher Festlegung der jeweilige Stelleninhaber beteiligt - und gemessen - wird.

## VI) Machtmissbrauch

Personen, die den autoritären Führungsstil ausüben, missbrauchen ihre Position, indem sie ihren MitarbeiterInnen immer wieder das Gefühl vermitteln, sie seien unselbständig und inkompetent. Hierdurch verstärkt und verfestigt sich das Gefühl der Unrechtsbehandlung der MitarbeiterInnen. Dementsprechend können diese in ihrem Berufsalltag kaum Zufriedenheit erfahren, geschweige denn, glücklich werden. Die Untergebenen stehen diesem Führungsstil meist ohnmächtig gegenüber, da der Vorgesetzte in der Regel Entscheidungen autonom trifft, weil Absprachen bzw. Beratungen mit seinen Mitarbeitern als Führungsschwäche auslegt werden. Somit werden die Mitarbeiter nur über das unmittelbar für die Ausführung Erforderliche informiert.[46]

Weiterhin begünstigt der autoritäre Führungsstil das Mobbing, da die MitarbeiterInnen in die Arbeitsabläufe nicht richtig integriert werden, was Unzufriedenheit und Frustration zu Folge haben kann. Die MitarbeiterInnen werden auf Dauer demotiviert, da sie in keiner Weise Mitbestimmungsmöglichkeiten an ihrem Arbeitsplatz vorfinden. Verwaltungen, die keinen oder nur geringen Wert auf Personalbetreuung legen und Fähigkeiten und Kompetenzen der Mitarbeiterschaft ignorieren, begünstigen das Entstehen von Konflikten als einen wesentlichen Ausgangspunkt von Mobbinghandlungen.

Heinz Leymann definiert Mobbing folgendermaßen: "Der Begriff Mobbing beschreibt negative kommunikative Handlungen, die gegen eine Person gerichtet sind und die sehr oft und über einen längeren Zeitraum hinaus vorkommen und damit die Beziehung zwischen Täter und Opfer kennzeichnen."[47]
Aus Mobbinghandlungen können sich verschiedene Auswirkungen ergeben, die gesundheitlicher Natur (wie Depressionen), betrieblicher Natur (Fehlzeiten) und gesellschaftlicher Natur (Krankenkassenbelastung durch ärztliche Behandlung) sein können. Aus diesen sozialen und wirtschaftlichen Interessen heraus sollte Mobbing entgegen gewirkt werden, denn es schlägt mit rund 17 Milliarden Euro pro Jahr der deutschen Wirtschaft zu Buche.

Aus allgemeiner Sicht sollte ein gutes Betriebsklima angestrebt werden, denn in einer Atmosphäre, in der Fehler offen zugegeben werden können und das Verhältnis von Kommunikation und Information stimmt, arbeitet es sich produktiver und Konflikte lassen sich erfolgreicher lösen oder gar vermeiden.
Wenn im Team Zufriedenheit herrschen soll, kann dies lediglich dadurch verwirklicht werden, indem man mit den Kollegen kooperativ (kooperativer Führungsstil) zusammenarbeitet, sich und die anderen also als gleichberechtigte Mitglieder einer Gruppe betrachtet.

Neben den oben aufgeführten Führungsstilen und -modellen sollten in der Führungsebene die moralischen Aspekte bzw. ein verantwortungsbewusstes Verhalten und sittliches Wertebewusstsein nicht in Vergessenheit geraten.

---

[46] vgl. Lutz Stürenberg, Professionelle betriebliche Kommunikation, 2003 Wiesbaden, S. 120 u. S. 123
[47] vgl. Lutz Stürenberg, Professionelle betriebliche Kommunikation, 2003 Wiesbaden, S. 192

18